당신의 젊음에는 무엇이 있나요?

르포지 LE POSY 는 '일상 속 작은 행복'을 이야기합니다.

발행 2018년 5월 1일
초판 1쇄 2018년 5월 14일

지은이	김훈호
발행인	박지원
편집장	김도태
표지디자인	조은아
일러스트	이서희
교정	김윤이
인쇄제작	백준혁
펴낸곳	르포지 LE POSY
주소	서울시 강남구 삼성2동 9-11
전화	T. 02_6959_8408
팩스	F. 02_6959_8409
이메일	leposy0501@naver.com
홈페이지	www.leposy.com

ISBN 979-11-958219-3-8 03690 책값은 뒤표지에 있습니다.

이 도서의 국립중앙도서관 출판시도서목록(CIP)은 서지정보유통지원시스템 홈페이지(http://seoji.nl.go.kr)와
국가자료공동목록시스템(http://www.nl.go.kr/kolisnet)에서 이용하실 수 있습니다.
(CIP 제어번호: CIP2018013269)

젊음,
무엇이있다

"왜 달리는 거니?"
"최고가 되기 위해서."

"왜 최고가 되려는 거야?"
"최고가 되면 행복할 테니까."

"달리는 동안은 행복하지 않아?"
"달리는 건 경쟁이야, 고통이지."

"만약 달리다가 최고가 되지 못하면 어떻게 해?"
"낙오자가 될 거야. 상상도 하기 싫어.
그만 방해해. 쓸데 없는 생각할 시간에 더 달려야 해."

답을 찾고 싶었다

그렇다면 나는 무엇을 위해 살지?'

그 답을 찾고 싶었다.

그래서 떠났다. 스페인 순례길로.

그리고 만났다.
빌딩과 자동차, 문명이 아닌 자연을,
외로워 보이지만 미소 짓는 사람들을,
그리고 나로 살길 갈망하는 나 자신을⋯.

1년 후, 대학교 4학년이 되었다.
대학생활의 마지막 방학,
취업 준비를 할까? 여행을 떠날까?

떠났다.
대학교 4학년 4명이 함께.
50일, 10개국, 3,500km.

우리는
다시 돌아오지 않을,
아니, 영원히 기억될 젊음을
함께 만끽했다.

한국으로 돌아오자 질문 하나가
밤낮으로 나를 괴롭히기 시작했다.

'네가 정말 원하는 게 뭐야?'

2주 간의 치열한 고민 끝에 내린 결정.
졸업 후에
1년 동안 여행을 떠나자.

아니,
이 바쁘고 빠른 삶을 잠시 멈춰 세우자.

내가 다니는 학교 정문에서
여행 경비를 벌기 위해 바나나를 팔기 시작했다.
내가 목표한 액수는 벌지 못했다.
하지만 나는 용기를, 자신감을 벌었다.

바나나를 팔며 만난 사람들은
표정과 몸짓으로 응원을 보내왔다.

"바나남은 할 수 있어요. 해낼 거예요!"

바나남은 할 수 있어요. 해낼 거에요

대학교를 졸업했고,
알래스카로 떠나기로 한 날은 3개월 앞으로 다가왔다.

통장 잔고를 확인했다.
50만원이 들어 있었다.
나는 2,000만원이 필요한데….

설 연휴 3일 동안 집에서 나가지도 않고 기획서를 작성했다.
그리고 약 50개 회사에 메일을 보냈다.
"한 청년의 간절한 꿈에 함께해 주세요!"라는 메시지와 함께….

43개의 실패, 7개의 성공.
7개 회사가 협찬 후원을 약속했다.
필요했던 모든 것이 채워졌다.
기적이 일어났다!

누군가는 5월에 떠날 수 없을 거라고 말했다.
아니, 나조차 그렇게 생각했다.

그럼에도 불구하고

2016년 5월 27일,
인천공항에서 알래스카행 비행기에 올랐다.

기적 같은 여행의 시작

남쪽 끝 아르헨티나 우수아이아에서 마침표를 찍었다

2017년 4월 26일,
아메리카 대륙의 북쪽 끝에서 시작한 여행은
남쪽 끝, 아르헨티나 우수아이아에서 마침표를 찍었다.

이것이 11개월 동안 그린 나만의 '청춘로드'이다.

#15개국 #339일 #20,000km

앵커리지
페어뱅크스
헤이트홀스
왓슨크리크
스팅덕스
프린스조지
밴쿠버
시애틀
샌프란시스코
LA
샌디에고
티후아나
멕시코시티
라파스
마사틀란
오악사카
타파출라
산리카스
홀룰리아
산살바도르
그란
산호세
마나과
파나마시티
보고타
네이바
오코냐
아펠라 암바토
키토
쿰베스
라로하
피우라
치클라스
라마
나스키
쿠스코
줄리아카
코파카바나
라파스
우유니
오야구에
안토파가스타
산티아고
푸에르토몬트
푸케로
아이센
컬처렌
푸케로 나랑하스
리오그란데
페리토 모레노
푼타아레나스
우수아이아

알래스카 Alaska

구름이 걷히며 산이 드러나기 시작했다.
두려움과 경이로움 사이 그 어딘가에 내가 서 있었다.

캐나다 Canada

어둠이 찾아올 때, 나는 텐트를 쳤다.
들려오는 야생동물들의 울음소리 때문에 숲으로 들어갈 수 없었다.
그래서 결국 도로 옆에 텐트를 쳤다.
조금은 시끄러운, 하지만 안전한 밤을 선택했다.

샌프란시스코 USA, Sanfrancisco

'몇 개의 다리를 더 건너야 집에 돌아갈 수 있을까'
Golden Gate (금문교) 앞에서 생각했다.

멕시코 Mexico, Baja California

여행이었는데, 나의 여행이었는데
시원한 바다에 왜 시원한 마음으로 뛰어들지 못했을까.
그 후로 그렇게 아름다운 바다는 다시 만나지 못했다.

엘 살바도르 El Salvador

Take me to the jungle
길아, 나를 정글로 데려가줘

페루 Peru

높은 곳에는 바람이 차고 거세다.
4,000m가 넘는 페루에서의 밤은 아주 추웠다.

페루 Peru

내 힘으로 국경을 건널 때, 또 한 번 자전거 여행의 매력을 느낀다.
이제, 13번째 국가 볼리비아로 가자.

볼리비아 Bolivia

죽기 전에 꼭 가봐야 한다는 우유니 소금사막
나는 그곳에 자전거를 타고 갔다.
사막의 초입에서는 무릎까지 물에 잠겼다.
축축한 소금 밭을 7km 달려 노을 앞에 도착했다.
눈물이 흘렀다. 눈이 시리도록 아름다웠다.

볼리비아 Bolivia

고마워
덕분에 여기까지 올 수 있었어
내일 세차해줄게.

볼리비아 Bolivia

가끔은 하늘을 나는 기분이었다.
발은 땅을 딛고 있을지라도
마음이 하늘을 향한다면 가능하지 않을까?
땅과 하늘 사이 그 어디쯤이라도.

칠레 Chile

사막의 초저녁은 '기적'이었다.
사를 것 같은 뜨거움도, 목을 태울 것 같은 건조함도 모두 다 사라지게
만들었으니까. 지금, 이 바람을 느끼자.

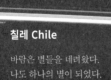

칠레 Chile

바람은 별들을 데려왔다.
나도 하나의 별이 되었다.

칠레 Chile

혼자인 것을 즐기다 보면
어느새 함께 갈 사람이 나타난다.

그렇게 함께가 되고, 또 혼자가 된다.
그렇게 어른이 된다.

칠레 Chile

이제 곧
마침표를 찍을 것이다.

세상의 끝에

1. 시 작

작은 일을 시작해야 위대한 일이 생긴다.

마크 저커버그

Alaska 내 생애 첫 빙하

위험은 늘 그 자리에 있네

인천을 떠난 비행기는 알래스카에 도착했다.

그런데 웬걸, 시작부터 내가 꺼내든 단어는 '포기'였다. 알래스카는 내가 그렸던 여행의 시작이며 목적지였다. 그런데 시작부터 포기라니…. 나름 이유야 분명했다.

알래스카에 도착하여 숙소를 찾았다. 때마침 페이스북을 통해 '미한인유학회'를 찾았고 "나를 좀 재워달라"는 글을 게시했다. Harry라는 친구에게서 연락이 왔고, 그는 나를 현지 한인교회와 연결해주었다. 알래스카에서 머물 곳이 생긴 것이다.

그곳에 머문 지 3일 정도가 지났을 때, 현지 목사님과 긴 대화를 나누게 됐다. 목사님은 알래스카가 얼마나 야생적인 곳인지, 곰이 얼마나 많고 위험한지 진지하게 충고했다. 곰뿐만 아니라 무스, 카리부, 버펄로 같은 야생동물의 위험이 도사리는 곳이라고 덧붙였다.

목사님은 아버지 같은 마음에 내가 걱정이 되어서 해주신 말이 었겠지만 듣고 나니 이전에 없던 두려움이 밀려왔다. 10여 일 고민 끝에 내린 결론은 '포기'였다. 왕복 항공권을 협찬한 스카이스캐너 담당자에게 전화를 걸었다.

"무서워서 자전거를 타고 캐나다로 넘어갈 수가 없겠어요."

담당자는 바로 밴쿠버행 비행기를 예약해줬다. 고마웠지만, 창피하고 부끄러웠다. 그렇다고 여행을 위해 생명을 내놓을 수는 없는 노릇. 영화 <인투 더 와일드>를 보고는 야생을 온몸으로 경험하고 싶어 선택한 여행의 출발지가 알래스카였는데, 이렇게 포기해버리다니…. 허탈함이 몰려왔다.

어쨌거나 알래스카를 떠나기 전, 단 하루라도 알래스카에서 캠핑을 하고 싶어 내가 있던 알래스카 앵커리지에서 북쪽으로 100km 떨어진 와실라 호수로 향했다. 아름다운 산, 강, 숲을 지나 호숫가 옆에 텐트를 치는데 누군가 다가왔다. 거칠게 자란 흰 턱수염의 남자는 강렬한 눈빛을 뿜어냈다. 살면서 수많은 만남을 경험하곤 하지만, 그중 '아주 특별한' 만남이 존재한다. 그는 산악인이자 모험가였다.

Alaska 오늘은 어디서 자야 할까

인투 더 와일드 (Into the Wild)

1995년 작가 존 크라카우어가 실제 인물 크리스토퍼 맥캔들리스의 죽음에 영감을
받아 쓴 논픽션 소설이다. 전세계에 14개 언어로 173가지의 버전이 출간되었고 미국
고등학생과 대학생의 필독서로 꼽힌다. 2007년에 영화배우 겸 감독 숀 펜이 메가폰
을 잡고 동명의 영화로 리메이크했다. 영화는 2007년 미국영화연구소(AFI)의 '올해
의 영화 10'으로 선정됐으며 제2회 로마 국제 영화제에서 '최고 작품상'을, 제65회 골
든글로브 시상식에서 음악상을 수여했다.

Alaska 위험은 늘 그 자리에 있네

"어디서 오는 길인가, 밥은 먹었나?"

그를 따라 집으로 향했다.

벽에는 한글로 된 산악인들의 플래카드가 붙어 있었다. 알고 보니 그곳은 북미 최고봉(해발 6,194미터)인 드날리 마운틴을 등정하는 한국 원정팀들이 들르는 베이스 캠프였고, 그는 이곳에서 원정팀을 헬리콥터로 이동해주는 산악인이었다.

"자네 여기 왜 왔나?"

"모험을 위해서 왔습니다"라고 말하고 싶었다. 그러나 난 이미 포기하려고 마음먹지 않았던가. 머뭇거리던 내게 그는 묵직한 메시지를 던졌다.

"위험은 늘 그 자리에 있네.
그 위험을 어떻게 대처하느냐가 모험가가 할 일이지."

포기하지 마라, 여기까지 왔는데 그냥 갈 텐가? 이런 말을 건넨게 아니었다. 커다란 해머로 머리를 한 대 얻어맞은 느낌이었다. 내 안을 꽉 채우고 있던 '포기'라는 단어는 서서히 사라져갔다.

알래스카 앵커리지로 돌아가 목사님께 힘주어 말했다. "저를 아들처럼 생각해주셔서 감사합니다. 하지만 저는 모험을 하려고 이곳에 왔습니다. 처음엔 두려웠지만 부딪혀 보려구요. 제겐 젊음이 있으니까요."

앵커리지에서 출발해 캐나다 국경을 건너려면 북쪽으로 1,200km를 달려야 했다. 앵커리지를 떠나던 날, 다시 모험가의 집을 지나게 되어 그 집 문을 두드렸다. 곧 열린 문 뒤로 그가 나타났다. 그럴 줄 알았다는 표정과 함께 무심하게 한 마디를 던졌다.

"올 줄 알았네."

모험가 선생님은 기나긴 여정을 떠나는 내게 누가 봐도 고급스러운 A+ 소고기를 내주었다. 붉은 색과 흰색으로 아름답게 마블링 된 먹음직스러운 고기였다.

"많이 먹게나. 이제 넌 길을 달리게 될 테니"

만감이 교차하는 한 마디였다. 나는 맛있는 소고기를 배부르게 먹었다. 마치 이 소고기가 마지막 소고기인 것처럼…. 다음날부터 난 거침없이 달렸다. 그것이 소고기 덕분이었는지는 잘 모르겠지만 말이다. 알래스카에서 포기했다면 최종 목적지였던 아르헨티나에 닿을 수 있었을까?

두려운 시작이었다. 그러나 그 시작이 없었다면 여행은 내가 정한 목적지가 아닌 다른 어딘가에서 어설프게 마무리했을 가능성이 크다. 아마 어디선가 비슷한 이유, 비슷한 생각으로 포기를 고민했을 테고, 결국 진짜 포기를 했을 것이다.

시작은 늘 우릴 두렵게 한다. 한 걸음 떼는 것조차, 작은 시도를 해보는 것조차 하지 못하도록 태풍 같은 두려움을 몰고 온다. 하지만 이제는 알 것 같다. 그 두려움은 실체 없는 허상이라는 것을….

알래스카와 캐나다를 여행하며 7마리 곰을 만났다. 곰 중에서도 가장 포악하다는 그리즐리 베어를 비롯해 브라운 베어, 블랙 베어까지 여러 곰들을 만났다. 곰은 나를 해치지 않았고, 난 지금 이렇게 살아서 그날의 두려움을 회상하며 글을 쓰고 있다.

시작은 시작일 뿐이다. 뛰다가 넘어질지, 결승선에 닿을 수 있을지에 대한 생각은 잠시 넣어둬도 좋다. 세상에 완벽한 시작은 없으니까, 불완전한 시작이라 할지라도 그 시작이 있어야 위대한 마무리도 있으니까.

Alaska 시작은 왜 이렇게 어려운 걸까

Mexico 이런 더위는 처음이야

'시작'을 '다시 시작'하다

북미 대륙을 거쳐 멕시코에 도달하여 '시작'의 또 다른 의미를 깨닫게 됐나. 프랑스에서 온 자전거 여행가, 레이(Ray)와의 만남을 통해서이다.

미국에서 멕시코로 넘어오니 많은 것들이 달라졌다.

언어는 영어에서 스페인어로,
온도는 5도 이상 상승
사람들의 인상은 험상궂어 보였고,
음식은 도통 당기질 않았다.

결정적으로, 계속 길을 달려야 하는 이유를 찾을 수 없었다.

하루 평균 100km씩 달려왔지만, 멕시코에 들어오며 하루 주행
거리는 50km, 30km로 줄어들었다. 나무 밑 그늘에 앉아 긴 시
간 멍을 때렸고, 그 시간들은 나를 무기력하게 만들었다.

어느새 난 이 지루한 여정을 포기할 명분을 찾고 있었다. 달려오
는 차에 부딪혀 다리를 부러뜨릴까, 자전거를 바다에 던지고는
도둑을 맞았다고 할까, 직접 찾아가 강도라도 만나야 할까? 하
는….

참으로 비겁하게 그럴 듯한 명분을 만들려고 애쓰고 있었다. 그런데 오 마이 갓! 그 명분을 더 이상 고민하지 않아도 되는 일이 생겼다. 여행의 지루한 물줄기를 완전히 틀어버리는 만남이 찾아왔다.

"Where are you from?"

느릿느릿 자전거를 타고 가는 나를 향해 또 다른 자전거 여행자 둘이 다가와 물었다.

한국에서 왔다고, 알래스카에서부터 자전거를 타고 내려왔다고 힘없이 대답했다. 그러나 마음속으로는 '반갑긴 하지만 나는 지금 너희랑 대화하고 싶은 기분이 아니야' 라고 말하고 있었다.

그들은 나에게 흥미를 느끼지 못했는지 나를 지나쳐갔다. 그런데 그날 저녁, 나는 그들을 캠핑장에서 다시 만났다. 나는 두 명 중 프랑스에서 온 레이라는 친구가 유독 마음에 들었다.

우리 셋은 다음날부터 함께 달렸다. 그리고 여행한 지 일주일쯤 지났을 때, 레이와 함께 했던 캐나다 자전거 여행자가 여행을 마치고 집으로 돌아간다는 소식을 듣게 됐다. 사실 그 친구와는 여러 가지가 썩 맞지 않아 내심 레이와 단 둘이 여행을 했으면 하는 마음이 있었다.

Mexico 함께 웃을 사람이 생겼다

Mexico 함께 달릴 사람이 생겼다

오, 하늘이 내게 다시 한 번 기회를 주신 건가. 캐나다 친구는 곧 캐나다로 돌아갔고, 레이와의 행복한 여행이 시작됐다.

레이를 만나자 여행의 흐름은 완전히 달라졌다. 그런데 이런, 레이와 함께 달리기 시작한 지 이틀째 되던 날 폭주기관차 같은 트럭이 뒤에서 달려왔다. 간신히 트럭은 피했지만 넘어진 터라 오른쪽 핸들이 완전히 부러졌다. 그 상태로는 도저히 가파르고 험준한 멕시코의 산맥을 넘을 수 없었다. 핸들을 구할 수 있는 도시에 가려면 자그마치 500km를 이동해야 했다.

남자 둘이 히치하이킹을 숱하게 반복하며 조금씩 500km를 채워갔다. 3일 만에 목적지인 멕시코 과달라하라에 도착했다. 레이는 스페인어 대화에 전혀 문제가 없었다. 덕분에 오른쪽 핸들을 깔끔하게 정비했고, 다시 달릴 준비를 마칠 수 있었다. 그 후로 우린 레이 여행의 최종 목적지인 코스타리카까지 함께 쭉쭉 내달렸다.

무려,
3개월 동안.
믿기 힘들겠지만, 우리는 3개월 동안 한 번도 안 싸웠다.

레이와의 만남은 단비 같은 만남이었고, 그와 함께한 시간은 기적 같은 여정이었다.

Mexico 함께 머물 사람이 생겼다

만약 레이를 만나지 못했더라면 나는 자전거를 바다에 버렸을지도 모른다. 일부러 사고를 내서라도 다리를 부러뜨리고 싶을 정도였으니 충분히 가능한 얘기이다. 아마도 나는 결국 낙담하며 한국행 비행기에 올라탔을 가능성이 크다.

그런 나를 일으킨 건 레이였다.

주저앉아 일어서고 싶지 않을 때, '다시 시작할 수 있는' 힘은 사람에게서 온다는 걸 레이를 통해 알게 됐다. 현자의 거창한 명언 혹은 멀리 떨어진 친구의 조언도 아닌, 지금 내 옆에서 함께 걸어줄 수 있는 한 명의 사람. 그 사람이 나를 일으킬 수 있다는 사실을 알게 됐다.

앞으로 모든 것을 포기하고 싶은 순간이 찾아왔을 때 나는 사람을 찾을 것이다. 나와 함께 걸어줄 한 사람을, 멕시코에서 만나 나와 3개월을 함께했던 레이와 같은 한 사람을 말이다.

나의 여정에 또 한 번의 '시작'을 선물해준 레이가 고맙고, 지금 생각해도 고마울 뿐이다.

레이가 여행 온 진짜 이유

세계를 유랑하는 여행자들이 만나면 '여행의 이유'에 대해 묻곤 한다. 멕시코부터 코스타리카까지 5개국을, 3개월 동안 함께 여행한 프랑스 친구 레이는 이렇게 대답했다.

"딸을 만나러 가고 있어."

레이의 대답을 듣는 순간, 나의 눈동자는 지구본만큼이나 커졌다. 나뿐 아니라 레이의 대답을 들은 여행자들은 나처럼 눈동자가 변신하곤 했다. 나야 레이와 함께 다니며 여러 번 들어서 그 말에 익숙해졌지만, 처음 듣는 사람의 표정이나 반응을 지켜보는 것은 굉장히 흥미로운 일이었다. 어떻게 반응해야 할지 몰라 말을 잇지 못하는 상대를 향해 레이는 친절히 입을 열었다.

"이번 여행을 포함해 중미 여행이 네 번째야. 두 번째 왔을 때 니카라과에 여자 친구가 생겼어. 두 달 정도 그 친구네서 살다가 프랑스로 돌아왔는데 5년 후에 연락이 왔어. 지금 다섯 살인 딸이 있는데 너의 딸인 것 같으니 와서 DNA 검사를 하자는 거야. 마침 누나가 캐나다에 살고 있고, 누나도 볼 겸해서 캐나다에서 부터 니카라과까지 자전거를 타고 가는 중이야."

"What?"

갈 거면 비행기 타고 바로 가면 되지, 캐나다에서 니카라과까지 1만km나 되는 거리를 자전거로 가는 것은 뭐람. 레이는 한국인 으로서는 도저히 이해할 수 없는 사고방식의 소유자였다. 니카 라과에 가까워질수록 레이에겐 잠 못 이루는 밤이 잦아졌다. 어 느 날 밤, 레이는 니카라과의 그녀로부터 사진을 받았다며 내게 보여주며 물었다.

Mexico 거침없는 레이

"네가 보기에는 어때? 내 딸인 것 같아?"
"응, 씽크로율 100%!"

딸을 만나기 일주일 전쯤 내가 물었다.
"레이, 만약 진짜 너의 딸이면 어떻게 할 거야?"

"지금 당장은 어렵겠지만 아이가 원한다면 프랑스에서 살면서 공부하도록 해주고 싶어. 그게 아이를 위해 내가 해줄 수 있는 최선이라고 생각해."

레이는 진지했다. 충분히 고민하며 아이의 인생을 책임질 마음의 준비를 하고 있었다. 아이를 만났을 때 어떻게 인사해야 할지, 손만 흔들고 말아야 할지, 아니면 안아주어야 할지 세심하게 고민하였다. 딸을 만나는 날까지 우리는 함께 있었다.

그러나 여자친구와 딸은 결국 나타나지 않았고 연락도 닿지 않았다. 3일을 더 기다렸지만 레이는 여자친구와 딸을 만나지 못했고, 우리는 다시 길을 떠났다. 레이는 일주일 정도 시간이 흐른 뒤 연락을 받았다. 사정이 있어서 나오지 못했다는 내용이었다. 하지만 레이에게선 후회나 원망의 마음을 읽을 수가 없었다.

"이제 어떻게 할 생각이야?"라는 나의 질문에 레이는 웃으며 대답했다.
"곧 다시 와야지!"

Mexico 내가 떠나온 곳에 점 찍다

2. 심 연

별이 태어나려면 혼란이 있어야 한다.

프리드리히 니체

혼란, 외로움, 그리움, 그리고 "왜?"

알래스카와 캐나다를 달리며 밤이면 밤마다 텐트를 쳤고, 텐트로 들어갈 때마다 두려움에 몸부림쳤다. 곰이 습격하면 난 영락없이 목숨을 잃게 되니까.

'살아야 한다'는 다짐으로 머리맡에 늘 베어 스프레이와 칼을 두고 잤다. 먼발치에서 동물소리가 들려오면 '내게만 오지 말아 달라'고 두 손 모아 기도했다.

아름다운 호수를 보며 차분히 페달을 밟다가 2m 정도 되는 거리에서 흑곰과 눈을 마주치기도 했다. 죽어라 페달을 밟았다. 흥분과 두려움으로 온몸이 부르르 떨렸다. 그날 밤은 텐트에 누워 잠드는 순간까지 마음이 요동쳤다.

캐나다에는 산이 험준하고 곰이 자주 출몰하여 자전거 여행자들 사이에서 '곰탕'으로 불리는 노노가 있다.

Canada 빛나는 청춘이길

Canada 곰아 비켜줄래

긴장의 37번 도로. 700km에 달하는 긴 길을 무사히 빠져나와 긴장이 해제되는 순간부터 알 수 없는 감정들이 밀려오기 시작했다. '이제는 더 이상 두려움에 떨 필요가 없다'는 것을 알아서였을까? 언덕을 오르며 혼란, 외로움, 그리움 등의 여러 가지 감정이 쓰나미처럼 밀려왔다. 차오르는 감정을, 터져 나오려는 눈물을 억눌렀다. 결국 나는 자전거를 세우고 울음을 터뜨렸다.

생존에 대한 절박함이 안개처럼 걷히고 나니 또 다른 감정이 내 마음의 생존을 위협했다.

'난 누구이고, 또 무엇을 위해 여기에 있는 거지?'

혼란스러웠다. 내가 선택해서 떠나온 여행을 두고 '왜?'라는 질문을 던지는 이 상황이. 그건 여행을 떠나기 전에 이미 정리된 질문 아니었던가? 대학생활 4년 동안 그 흔한 휴학 한 번 하지 않고 바쁘게 살아온 나에게 1년 간의 '멈춤'을 선물하며 나 자신을 세우는 시간을 갖자고 하지 않았던가. 갑자기 헷갈리기 시작했다.

'난 여기에 왜 왔고, 무엇을 하고 있는 거지?'

그로부터 며칠 후, 와이파이를 사용할 수 있는 곳에 도착했고 동유럽 자전거여행을 함께했던 형에게 연락했다. 그가 던진 말은

딱딱한 조언이 아니라 말랑말랑한 권유에 가까웠다.

"훈호야, 너에게 찾아오는 감정을 거부하지 말고 있는 그대로 느끼려고 노력해봐."

생각해보니 지금 나에게 찾아오는 혼란은 너무나도 당연한 것이었다. 한국에서는 가족, 친구들과 늘 '함께' 시간을 보냈는데 지금은 며칠 밤낮을 대화 한 마디 없이 지내고 있으니 외로운 게 당연했다. 한국에서는 낮이면 교실 혹은 카페에서, 밤이면 집에서 따뜻하고 안전하게 생활했다.

Alaska 몸도 마음도 다 젖은 어느 날

Peru 따뜻한 집이 그립다

그런데 이곳에선 밤낮으로 야생의 위협과 위험 속에 있으니 불안한 게 당연했다. 누구를 만나게 될지, 어떤 일이 일어나게 될지, 심지어 어디서 잠들지조차 알 수가 없으니 불안한 게 당연했다.

나는 그 모든 자연스러운 감정들을 거부하고 있었던 것이다.

그러다 문득, 여행을 떠나기 전 친구가 던진 질문이 떠올랐다.

"너는 왜 이 여행을 가려는 거야?"

그 녀석은 <생각정리스킬>이라는 책을 쓴, 그야말로 생각정리의 달인이었다.

"응? 심연으로 가보고 싶어서."

사실 그땐 심연이 뭔지 몰랐다.
그저 나도 모르게 입에서 '심연'이라는 단어가 튀어나왔다.

이 기나긴 혼란의 여정을 심연으로 이끌어 준 건 두 번의 이별이었다.

두 번의 이별

우리는 가끔 소설 속 주인공이 책 밖으로 튀어나오는 경험을 한다. 나는 <그리스인 조르바>의 주인공 조르바를 여행지에서 만났다. 국적이 다른 조르바, 바로 '프랑스인 조르바' 레이를 만난 것이다. 숨 막히게 더운 날, 멕시코에서 우연히 만나 3개월의 시간을 같이 여행하게 된 레이는 <그리스인 조르바>의 그 조르바가 책에서 튀어 나온 듯한 모습으로 내게 다가왔다.

바다를 보면 어린아이처럼 팬티만 입고 뛰어들었고, 누군가를 만난 후에 슬픔이 찾아오면 거침없이 눈물을 흘렸다.

감정과 본능에 충실했던 레이는 그야말로 조르바였다. 그런 레이는 내게 부러움과 질투, 그리고 선망의 대상이었다.

레이와 헤어지게 될 코스타리카가 가까워지자 혼자 남겨질 여정에 대한 걱정이 커져만 갔다. 헤어지던 날, 우리는 한참을 부둥켜안고 고마움과 아쉬움의 눈물을 원없이 쏟아냈다.

그런데 웬일인지, 공항으로 떠나 비행기를 타야 할 레이는 숙소로 돌아왔다 자전거 수하물이 거부되어 비행이 취소되는 바람에 돌아온 것이었다. 순간 우리는 동시에 같은 단어를 입 밖으로 내뱉었다.

"마크툽!"(기록된 섭리라는 뜻, 운명으로도 해석)

우리에겐 일주일이라는 시간이 보너스로 주어졌고, 파나마의 카리브해로 휴가를 떠났다. 매일 바닷가에 나가 수영을 했고, 코코넛을 따먹었다. 밤이면 다른 여행자들과 파티를 열어 느긋하고도 시끌벅적한 밤을 보냈다.

우리는 한 번 더 실컷 울며 12월 25일 아침, 서로를 '진짜' 떠나보냈다. 레이와 헤어진 후에 자전거를 타고 일주일 동안 파나마를 달렸다.

그런데 이별은 이것이 끝이 아니었다. 비행기를 타고 콜롬비아로 넘어가기 전날, 또 하나의 이별이 찾아왔다. 바로 한국에 있는 여자친구와의 이별이었다. 떠나온 시간이 오래 지나기도 했고, 돌아갈 시간도 꽤나 남았으니 날 기다리긴 버거웠을 것이다. 떠나온 나로서는 그 이별통보를 받아들일 수밖에 없었다. 돌아가서 붙잡고 싶은 마음도 있었다. 그런데 그럴 상황은 아니었다.

무엇보다 나에겐 가야 할 길이 남아 있었다. 다음날인 12월 31일, 비행기에 올랐다.

한국행이 아닌 콜롬비아행 비행기에,
김훈호의 진짜 여행이 시작된 순간이었다.

남미에는 거칠고 가파른 안데스 산맥이 날 기다리고 있었다.
하지만 그것이 나를 울게 만들지는 못했다.

2017년의 끝에서 겪은 두 번의 이별 앞에서

나는 인정했다. 철저히 나 혼자라는 것을….
나는 받아들였다. 지독하게도 외롭다는 것을….
나는 선택했다. 혼란을 거부하지 않기로….

그것이 바로 '심연'으로 가는 방법이었다.
그 어떤 것도 밀쳐내거나 거부하지 않는, 온전한 받아들임 말이
다. 그러자 더 이상 불안하지 않았다. 마음에 평온이 몰려왔다.
온몸으로 느낄 수 있었다. 나의 진짜 여행이 시작되고 있음을.

그렇게 나는 내가 바랐던 '여행자'가 되어가고 있었다.

Canada 잠시 숨을 고르며

심연의 종착지는 '발견'이 아닐까?
페루의 공중도시 마추픽추를 마주하던 날,
'발견'이라는 단어를 떠올렸다.

1911년, 미국 탐험가 하이럼 빙햄은 잉카 제국의 마지막 피난 처였던 공중도시 마추픽추를 발견했다. 도무지 인적이 있을 것 같지 않은 깊은 계곡 안에 신비로운 도시가 숨겨져 있었다. 그의 여정 역시 두려움과 외로움이 숱하게 괴롭혔을 것이다. 그러나 그 두려움과 외로움이 도전의 원동력이 되었다. 마침내 그는 세상에 마추픽추를 보여줬고 그 끝에서 진짜 자신을 발견한 건 아 닐까?

Canada 그래 웃자

사람들은 흔들림을 피하려고 한다.
혼란을 두려워한다.
방황은 실패로 규정되기도 한다.

잠시 흔들리고 방황하더라도 나를 찾아갈 수 있다면, 나는 앞으로도 혼란과 방황을 기꺼이 택하고 싶다. 더 깊은 심연을 향해서, 마치 하이럼 빙햄이 그랬던 것처럼 말이다.

그래야 비로소 어떠한 알맹이,

살아가며 내 안이 텅 비지 않아 다행이라고 여기며 스스로를 위로 할 수 있는 그러한 알맹이를 품고 살아갈 수 있을 테니까.

3. 여 유

손수건의 진짜 용도는 누군가의 눈물을 닦아주기 위한 것.

영화 <인턴>

Canada 울음이 터져버린 언덕에서

"우린 너의 캐나다 부모야, 여행 중에 무슨 일이 생기거든 언제
든 연락해."

1년이 지났지만 여전히 생생한 음성이다.

그날은 휘슬러로 향하는 날이었다. 휘슬러는 밴쿠버 올림픽 당
시 스키 경기가 열렸던 곳이다. 그만큼 높은 산들이 우뚝 솟은
곳이다. 이른 아침부터 100km를 달렸지만 오르막길은 끝이 보
이지 않았다.

비가 내리기 시작했고 체력은 바닥이 났다. 경사도 14%에
60kg 가까운 자전거를 타고서는 도저히 오를 수 없었다. 자전
거에서 내려 겨우겨우 자전거를 끌고 언덕을 오르고 있을 때 차
한 대가 내 옆에 멈춰 섰다.

"Are you okay?"

1초의 망설임도 없이 내 입에선 퉁명스러운 대답이 튀어나갔다.

"I'm not okay."

그러자 대답도 없이 액셀을 밟고는 쌩-하고 올라가버리는 것이다. 나는 당황하다 못해 화가 치밀었다. 차 트렁크를 향해 "Hey! Hey!"를 미친 듯이 외쳤다. 그런데 조금 더 올라가니 갓길에 트렁크가 열린 채로 차가 서 있었다. 날 기다리고 있었던 것이다. 나는 그 차에 자전거를 싣고 올라탔다. 그러곤 운전자 Don의 집으로 향했다.

그때까지만 해도 나는 그가 나의 캐나다 아빠가 될 줄 몰랐다. Don이 대접한 저녁은 그야말로 진수성찬이었다. 앵커리지에서 여행을 떠난 후 가장 집다운 집에서, 가장 식사다운 식사를 했다. Don 아저씨의 아내 Katty는 날 위해 스테이크를 구워주었다. 그런데 내리막길을 숱하게 달리며 힘을 써버린 왼손이 도통 말을 듣지 않아 도저히 고기를 썰 수가 없었다. 주먹을 쥔 채 포크질을 하는 내가 애처로워 보였던지 Katty는 고기를 손수 썰어주며 한 마디 건넸다.

"이 손이 다 나을 때까지 우리 집을 떠날 수 없어."

Canada 함께 저녁을 준비하는 Don & Katty

Canada 집에는 그 사람의 향기가 배어 있다

Katty 아주머니는 요가와 스트레칭으로 몸과 마음을 건강하게 하는 테라피스트였다.

Don & Katty 부부와 머무는 4일 동안 저녁식사가 끝나면 그녀와 함께 스트레칭을 했다. 어느새 나의 왼손은 조금씩 회복되기 시작했다. 아침에 일어나면 설산이 보이는 실외 스파에서 Don과 온천욕을 했고, 오후에는 호수에 가서 카야킹을 즐겼다.

계획에 없던 바캉스를 즐긴 셈이다.

Canada Don 아저씨의 점심시간

Canada 화장실에 있던 글
그들은 그렇게 살고 있었다

Canada Kayaking with Don

Canada Kayaking with Don

Don과 Katty는 우리 부모님과 비슷한 연배였다. 헤어지던 날, 따뜻하게 나를 안아주며 그들은 속삭였다.

"우린 너의 캐나다 부모야. 여행 중에 무슨 일이 생기거든 언제든 연락해."

Don과 Katty의 집에 머무는 동안, 굳었던 왼손은 어느새 말랑말랑해졌고, 혼자 고기를 썰 수 있을 정도로 좋아졌다. 말랑말랑해진 건 왼손만이 아니었다. 생존에 대한 두려움과 여행에 대한 부담으로 굳어버렸던 마음이 말랑말랑해졌다는 사실이 나에게는 무엇보다 의미있고, 소중했다.

사실 나의 여행은 순식간에 과제로 돌변하곤 했다. '목표 달성'을 향해 질주하는 100미터 달리기 같은 과제. 이럴 때 쉼은 사치이며 목표 달성을 가로막는 장애물로 여겨진다.

Don 부부가 내게 보여준 마음의 여유는 나로 하여금 '쉼'이 무엇인가를 알게 해줬다. 먼 길을 가기 위해서는 반드시 멈춤과 쉼이 동반되어야 한다는 소중한 진리를.

멈춰야 비로소 달릴 수 있다.

Go to the lake!

북중미를 건너 볼리비아를 여행하던 중, 난 '여유'의 또 다른 결을 느낄 수 있었다.

그건 나의 작은 실수에서 시작됐다.

3m나 되는 수심. 길게 자라 있는 갈대. 차가운 수온. 하늘 아래 첫 호수인 볼리비아의 티티카카 호수는 바다처럼 깊고 드넓었다. 그곳에 실수로 고프로(GoPro) 카메라를 빠뜨렸다. 거기엔 귀중한 사진이 꽤 담겨 있었다. 어떻게든 찾아야 했다. 그러나 나 혼자 호수에 들어가 아무리 찾아봐도 고프로 카메라를 찾는 일은 하늘의 별을 따는 것만큼 불가능한 일이었다.

결국 호스텔로 돌아가 함께 묵고 있던 친구들에게 사정을 이야기했더니 그들은 "함께 가서 카메라를 찾아보자"고 했다.

다음날, 호수에 나가 장대를 빌리고 쪽배도 빌려서 수십 번 잠수

Bolivia 티티카카 호수

를 해가며 수색작업을 했지만 결국 찾지 못하고 우리는 숙소로 돌아와야만 했다. 나는 친구들에게 말했다.

"찾는 게 쉽지 않을 것 같아. 그냥 남겨두고 갈래."

그런데 웬일인가? 오히려 5명의 친구들은 내일도 가자며, 고프로를 꼭 찾아야 한다고 했다. 마치 입을 맞춘 것처럼, 자신의 카메라인 것처럼 말이다. 내가 물었다.

"그런데 너희, 다른 곳으로 이동한다고 하지 않았어?"

"좀 미루면 어때, 이건 여행인데. 내일은 꼭 찾을 수 있을 거야. 그 후에 함께 떠나자."

아! 감동이 밀려왔다. 어떻게 여행중에 만난 먼 나라 친구를 위해 자신들의 계획을 미루고 내 일처럼 여기며 3일 동안이나 함께 찾아보자고 할 수 있단 말인가? 나라면 그럴 수 있었을까? 그들의 지지와 격려는 티티카카 호수 위에 빛나는 태양처럼 내 마음을 따뜻하게 녹여주었다.

작전회의가 시작됐다. 우리에게 무엇이 필요하고, 어떻게 움직일 것인지 치밀하게 전략을 썼다. 우린 마치 대한민국 여자

Bolivia 고프로를 찾아서

Bolivia 고프로 수색작업 대원들

Bolivia 사진 속에 담긴 한 마디 우리 꼭 다시 만나자

컬링팀 같았다. 고프로(GoPro) 하나 찾자고 작전을 짠다는 게 우스웠지만, 한편으로 정말 고마웠다.

6명의 수색팀은 다음 날 아침 일찍 호수로 향했다. 물은 차가웠고, 수중 부유물 때문에 앞이 잘 보이지 않았다. 남자 세 명이 번갈아가며 물 속으로 몸을 던졌고, 여자 세 명은 물에서 나오는 남자들에게 담요를 덮어주고 간식을 사다주기도 했다.

그러다 비가 내리기 시작했다. 난 이번이 마지막이라고 생각하며 물 속으로 들어가 손으로 바닥을 더듬었다. 그때였다. 익숙한 카메라의 촉감이 손에 느껴졌다. 그 순간 바로 카메라를 움켜쥐고는 밖을 향해 솟아올랐다. 나는 숨을 쉴 수 있게 되었을 때 소리쳤다.

"고프로!!!!"

모두가 함께 소리질렀다. 그 자리에 있던 모두가 부둥켜안고 감격했다. 마치 평창 동계올림픽 여자 컬링 4강에서 일본팀을 이겼을 때처럼…. 몸이 너무 차가워서 한동안 바들바들 떨어야 했지만 마음은 한없이 따뜻했다. 기적의 현장 티티카카 호수에서 나는 새삼 '친구'라는 단어의 의미를 다시 곱씹었다.

5명의 친구 중 유독 환하게 빛났던 두 사람이 있었다. 아르헨티

Bolivia 호수보다 예쁜 커플

나 커플 노엘리아와 에밀리오였다. 난 농담 삼아 그들을 '철수와 영희'라고 불렀다. 다른 어떤 수식어가 필요없는 아름다운 커플이었다. 호스텔에서 장신구를 만들어 여행지에서 판매하며 올린 수익으로 여행을 이어가던 철수와 영희. 그들은 무려 3일 동안이나, 행방불명된 나의 고프로 수색 작업에 뛰어들었다.

철수와 영희를 떠나보내던 날 아침, 철수와 부둥켜안고 눈물을 흘렸다. 멀어져가는 철수가 손을 흔들며 소리쳤다.

"Go to the lake!"

철수는 고프로(GoPro) 수색 작업을 하며 아침마다 반복했던 그 말을 외치며 떠났다. 아마도 그 말은 "우리 꼭 다시 만나자"라는 말이 아니었을까? 흐르는 눈물을 주체하지 못하며 마음속으로 대답했다. '그래, 우리 꼭 다시 함께 티티카카 호수에 가자.'

철수와 영희는 내게 여유를 가르쳐 주었다. 지구 반대편에서 건너온 멀고 작은 나라 한국 청년의 고프로를 찾겠다고 소중한 3일을 희생한 그들의 여유는 대체 어디에서 비롯된 걸까. 사실 '희생'이라는 말도 나의 표현에 불과하다. 그들이 그리는 여행에는 여백이 있었다. 그 여백에 나의 고프로가 슬그머니 자리한 것일 뿐.

여행을 하며 난 여유가 두 가지 결로 나타난다는 걸 알게 됐다.

하나는 전력질주하는 내게 쉼을 줄 수 있는 여유이다.
Don과 Katty 부부가 가르쳐준 여유였다.

또 하나는 누군가를 돌아볼 수 있는 마음의 여유이다.

내 안에 여백을 만들어 상대방을 초청할 수 있는 여유.
아르헨티나 커플 '철수와 영희'에게서 배운 여유였다.

여행이 무르익어가며 내게도 두 가지 여유가 자리하기 시작했
다. 내가 나에게로, 그들이 내게로 들어올 수 있는 소중한 틈이
생겨나고 있었다.

4. 열 정

오랫동안 꿈을 그리는 사람은, 마침내 그 꿈을 닮아간다.

앙드레 말로

"60년 동안 사진을 찍어왔네"

알래스카에서 캐나다로,
캐나다에서 다시 미국으로.

미국 여행의 시작은 워싱턴 주였다. 부지런히 페달을 밟아 워싱
턴 주와 오리건 주를 통과하여 캘리포니아에 도착했다.

캘리포니아를 열심히 달리던 어느 날, 그날따라 안개가 자욱하
고 날씨는 추웠다. 도저히 캠핑을 할 수 있는 날씨가 아니었다.
아니, 캠핑이야 어떻게든 하겠지만 따뜻한 곳에서 몸을 좀 녹이
며 쉬고 싶었다. 할 수 없이 교회를 찾아갔다. 알래스카에서도
교회에서 며칠 잔 적이 있어 교회는 내게 익숙한 은신처나 다름
없었다. 그런데 사람이 없었다.

결국 교회 옆에 있는 집을 찾아 "헬로, 헬로"를 외치자 흰색의
장발머리를 뒤로 묶고, 등이 조금 굽은 할아버지가 나타났다.
'윌리엄'이라는 이름의 할아버지였다. 그는 마치 1990년대
액션스타 스티브 시걸 같았다. 나는 윌리엄에게 "날이 좀 추워
서 그러니 재워줄 수 있느냐"고 물었다. 나의 물음에 윌리엄은

USA 캘리포니아의 해변

USA 윌리엄 할아버지의 집

USA 할아버지의 사진 작업실

별다른 대답 없이 '따라오라'는 손짓과 함께 실내로 날 데려갔다.

침대와 큰 흑백 사진, 그리고 사막에서 찍은 사진들이 진열된 방을 지나 도달한 곳은 그가 사진 작업을 하는 공간이었다.

"사진 작업을 하던 중이었네."

그는 제자리에서 시계 방향으로 조금씩 몸을 회전하며 이야기했다.

"20대, 30대, 40대, 50대, 60대, 70대, 80대…. 60년 동안 사진을 찍어왔네."

60년! 내겐 짐작조차 되지 않는 길고긴 세월. 작업실의 필름 건조대와 확대기가 그의 인생의 증거였다. 그는 내게 "오케이, 자고 가게나"라는 말을 굳이 하지 않았다. 오히려 "저녁을 먹었느냐"며 물었다. 그가 나를 데려간 방에는 그간 작업한 앨범이 선반에 가득했다. 윌리엄과 나는 식탁에 앉았고, 그는 어딘가에 전화를 걸었다. 잠시 후 젊은 아주머니께서 음식을 들고 왔고, 윌리엄과 나는 늦은 저녁을 알차게 먹었다. 윌리엄은 식사를 마치고 한참 동안 앨범을 보여주었다. 즐거워 보였다. 그러다 조금 지쳤는지 동작을 멈춘 뒤 약을 먹고는 나에게 "작업실에 있는

침대에 가서 머물러도 좋다"고 말했다. 덕분에 나는 윌리엄의
사진 액자가 가득한 방에서 따뜻한 밤을 보낼 수 있었다.

날이 밝았다. 지난 저녁, 음식을 가져다주었던 아주머니가 다시
아침에 먹을 음식을 가져왔다. 그녀는 의아해하는 나의 표정을
읽고는 가까이 다가와 작은 목소리로 말했다.

"나는 이웃집에 사는 사람인데 할아버지를 돌봐드리고 있어요.
할아버지께서 암에 걸리셔서 여생이 6개월밖에 남지 않으셨거
든요."

그날 저녁도 윌리엄과 식탁에 마주앉았다. 그는 식사를 앞에 두
고 눈을 감고는 "땡큐, 땡큐, 땡큐"를 조용히 고백했다. 간절함
이 절절하게 느껴졌다. 슬프지는 않았다. 다만, 죽음이 다가오
는 상황에서 하는 기도는 어떠할까 상상했다. 식사를 마치고 나
니 윌리엄은 어제보다 더 기분이 좋아 보였다. "훈호, 네가 이틀
동안 머물고 가게 되어 기쁘다"는 그의 말에 "나 또한 감사하
다"고 대답했다. 한동안 말이 없던 그가 한 마디 했다.

"You will make it."

그리고 눈을 지그시 감았다. 그가 나를 위해 기도하고 있다는 걸
느낄 수 있었다.

USA 보고싶어요 할아버지

USA 모두 건강하세요

USA 이웃집으로 저녁 먹으러 가는 길에

나는, 가슴을 따라 살고 있는가?

다시 자전거를 타고 길에 오르는 날 아침, 인사를 하려고 윌리엄 할아버지 침실로 향했다. 침대에는 아무도 없었고, 자리는 말끔히 정리되어 있었다. 밤중에 무슨 일이 생긴 건 아닌가 싶어 마당으로 나가 "윌리엄! 윌리엄!"을 급하게 외쳐댔다.

할아버지는 나타나지 않았다. 걱정이 되어 떠날 수가 없었다. 이웃집에 가서 할아버지가 어디에 계신지 물어봤다. 이웃집 아주머니가 웃으며 대답했다.

"오늘은 사진 모임이 있는 날이라 아침 일찍 나가셨어요."

순간 멍해졌다.
자전거를 타고 길 위에 올라서 거듭 생각했다.

내가 할아버지라면 그럴 수 있을까,
죽음을 앞두고도 좋아하는 일에 몰두할 수 있을까?
쉽사리 답할 수 없었다.

분명한 사실은 그것이 바로 내가 찾던, 그렇세노 갖기를 열망하던 '열정'이었다는 것이다. 죽음 앞에서도 나를 표현하는 것,

나를 가슴 뛰게 하는 것에 몰두하는 것. 죽음을 앞두고도 자기가 평생 해온 그 일에 몰두할 수 있다는 건 열정 외엔 달리 설명할 단어가 없었다.

결국 작별 인사를 제대로 하지 못한 채 그를 떠났지만, '열정'이라는 두 글자가 오롯이 내 가슴에 새겨졌다. 아이러니하지 않은가, 20대 청년이 죽음을 앞둔 83세 할아버지로부터 열정을 배웠다는 사실이….

"그는 살아서 죽었다."

파울로 코엘료는 자신의 묘비명을 이렇게 짓고 싶다고 하였다. 난 파울로 코엘료가 묘비명에 쓰고 싶다는 "그는 살아서 죽었다"라는 문장을 온몸으로 살아가는 한 사람을 눈앞에서 확인한 셈이다. 윌리엄 할아버지는 '어떤 내일'보다도 '값진 오늘'을 살고 있었다. 늙어간다는 건 데이터와 통계치를 갖고 매순간을 재단하는 것이 아닐까? 젊다는 건 조금 멍청하게 살아가는 것은 아닐까? 지나치게 명확한 실패와 성공의 경계를 무너뜨리고 과감히 도전에 대한 열망을 품는 것, 그리고 그것을 행동으로 옮길 수 있는 용기를 갖는 것. 나는 그것이 열정이라고 믿는다.

스스로에게 질문을 던져본다.
나는, 가슴을 따라 살고 있는가?
살아 있는가? 나는 정말 살아 있는가?

Nicaragua 나를 표현할 것 나로 살아갈 것

5. 존 중

친절히 대하라.
당신이 만나는 사람의 대다수는 지금 힘겨운 싸움을 하는 중이니까.

조 페티

Canada Gabby & Lance와 두 번째 만남

캐나다와 미국을 지나며 세 번이나 만난 Gabby & Lance 부부. 광활한 캐나다와 미국 땅에서 세 번이나 만나다니, 그것이 우연 이든 노력이든 엄청난 인연이었음은 분명하다.

우리의 첫 만남은 캐나다 37번도로 중간쯤에서 이뤄졌다. 쉼터 비슷한 곳이었는데, 우리나라처럼 잘 정돈된 곳은 아니었다. 나 는 화장실 하나에 쓰레기통 하나 있는 공터 바닥에 앉아 식빵에 피넛버터를 쓱쓱 발라 먹고 있었다. 그것이 나의 점심이었다.

그때 노인이라 부르기엔 젊어 보이는, 중년의 남성이 다가왔다. 내가 꽤나 힘겨워 보였던지 캠핑카에서 시원한 '스타벅스 커 피'를 꺼내 건네주었다. 그는 내 자전거를 들어보기도 하고, 앞 으로 갈 길에 대해 이것저것 묻기도 했다. 그러곤 헤어지기 전 나와 페이스북 친구를 맺었다.

며칠이 지나 메시지를 주고받았고 2주 후, 캐나다의 한 캠핑장에서
재회했다. Gabby & Lance 부부는 날 위해 푸짐한 저녁을 준비했
고, 그들이 사는 집 근처인 캘리포니아 하프문베이를 지날 때 다시
만나기로 약속했다. 한 달쯤 지났을까? 우리는 세 번째 만남을 가졌
고, 태평양의 파도소리를 들으며 함께 캠핑을 했다.

나는 Gabby를 Mom이라고,
Lance를 Daddy라고 불렀다.

캐나다를 지나 미국에도 엄마, 아빠가 생긴 것이다. 그들과의 인
연은 멕시코에서 만나 내게 유대인 엄마가 되어준 Tammy와의
인연으로 이어졌다.

Gabby & Lance 부부는 내가 멕시코 바하캘리포니아(멕시코
서부에 위치한 라틴아메리카의 시작점)를 지날 것이라는 이야
기를 듣고는 자신의 페이스북 커뮤니티에 나의 여정을 소개했
다. 더불어, 나를 초대해서 먹이고 재워달라는 요청의 글을 올렸
다. 그러자 Tammy라는 사람이 댓글을 달았고, 나와 연락처를
주고받았다.

그리고 한 달 후, 멕시코에서 Tammy를 만났다.
Tammy 아줌마는 내가 머무는 '3일 동안 직접 모든 식사'를
차려주었다. 점심에는 이웃사람들과 어울려 바닷가 레스토랑에
서 맛있는 생선요리를 즐기기도 했다. 남편 없이 혼자 살던 그녀

USA 세 번째 만남 캘리포니아 하프문베이

USA 친구들과 캠프파이어

는 자신의 하나뿐인 방을 내주었고, 정작 본인은 이웃집에 가서 잠을 잤다. 그녀는 그저, 내가 편히 머물다 떠나기를 바랐다.

작가이자 카운슬러였던 Tammy는 내가 걸어왔던 삶을 궁금해했다. 난 어려서부터 지금까지 겪었던 크고 굵직한 이야기들을 들려줬다. Tammy는 내가 아픔을 이야기할 때는 마음을 다독여주었고, 기쁨을 나눌 때는 나보다 더 기쁘게 웃어주었다. 유대인이었던 그녀는 자연스럽게 나의 Jewish Mom으로 자리잡고 있었다.

사막을 달리느라 고갈되었던 체력은 회복되었고, 멕시코라는 환경에 새롭게 적응하느라 바짝 긴장하던 마음은 따끈따끈해졌다. 헤어지던 날 아침, 우리는 한참을 부둥켜안고 눈물 흘렸다.

Gabby & Lance 부부와 Tammy 아줌마 모두 경제적으로 여유가 있었다. 그러나 경제적으로 여유가 있는 모든 사람이 '타인에 대한 존중'을 지닌 것은 아닐 것이다.

"친절히 대하라. 당신이 만나는 사람의 대다수는 지금 힘겨운 싸움을 하는 중이니까"라는 작가 조 페티의 말. 그들은 이 문장을 온몸으로 느끼게 해준, 존중이라는 단어를 나에게 새롭게 심어준 멋진 중년의 친구들이자 은인이다.

Mexico Tammy 아줌마와 산책길에서

내 생애 가장 아름다운 통화

다시 한 번 레이를 추억해 본다. 3개월을 함께했던 만큼 레이 이야기는 내겐 마르지 않는 샘 같다. '프랑스인 조르바' 레이에게는 어떤 '힘'이 있었다.

사람을 끌어당기는 힘,
그리고 사람을 포용하는 힘.

프랑스인이었지만 스페인어를 거의 프리 토킹 수준으로 구사했던 그를 보며 난 '언어에 소질이 있는 친구구나'라고 생각했다. 그러나 단지 언어 구사 능력만으로는 그 힘을 이해하기 어려웠다. 멕시코, 니카라과, 코스타리카, 파나마. 그곳이 어디이든 레이는 사람들과 깊은 대화에 빠져들었고 좋은 관계를 만들어 냈다. 레이가 뿜어내는 에너지 덕분에 나 역시 사람들과 잘 어울릴 수 있었고, 나만의 '사람 사전'에 더 많은 사람들의 이름을 기록할 수 있었다.

El Salvador 언제나 현지인들과 친구가 되는 레이

멕시코 여정이 끝나가던 어느 날, 카페에서 보았던 레이의 모습을 잊을 수 없다. 너무나 강렬하여 지금도 생생하다.

레이는 멕시코 어느 카페에 앉아 태블릿PC를 세우더니 영상통화를 시작했다. 분명히 상대방의 얼굴이 보였고 통화중이었지만 어떠한 음성도 들리지 않았다. 레이는 수화로 대화중이었고 상대는 어머니였다. 그 어느 때보다 온화하고 자상하며 신중한 표정으로 이야기를 나누던 레이는 통화를 마치고 말했다.

"나를 제외하고는 우리 가족 모두가 농아거든. 그래서 어려서부터 수화로 대화를 했어."

어려서부터 수화를 배웠다는 레이 얼굴에는 어떠한 불만도 불평도 없었다. 난, 멕시코의 작은 카페에서 내 생애 가장 아름다운 통화를 보았다. 그리고 난 레이에게서 한결같이 묻어나는 존중의 태도가 여기서 비롯됐을 거라는 생각을 했다.

3개월 간 레이는 늘 그랬다.
누구의 말이건 귀기울였고,
어떤 약자에게도 결코 무례하게 행동하지 않았으며,
쉽게 판단하지 않았다.
그의 앞에 선 누군가를 늘 충분히 존중해주었다.

Mexico 엄마 잘 지내시죠
그 어느 때보다 자상했던 레이

'존중'의 사전적 정의는 이렇다.

"높이어 귀중하게 대한다."

Gabby & Lance 부부, Tammy 아줌마, 그리고 Ray.
그들 모두 내게 '존중'을 가르쳐주었다.

아니, '존중'을 보여주었다.

6. 자 유

인간이 가진 마지막 자유는 자신만의 길을 직접 선택하는 것이다.

영화 <정글> 中

Bolivia 내가 선택한 길
하늘에 닿을 수 있다면

여행의 또 다른 이름은 '자유'가 아닐까?
우리는 '자유'라는 이름을 손에 넣기 위해 떠난다.

나 또한 그랬다. 자유를 찾아 떠났고, 끝없는 길을 달리며 끊임 없이 자유를 원했다.

하지만 손에 들어온 자유는 모래처럼 스르륵 빠져나가곤 했다. 그럴수록 자유를 향한 갈증은 커져만 갔다. 여행이 무르익어가 며 알게 된 사실은 내가 어디에 존재하는 것만으로 자유는 주어 지지 않는다는 것이었다. 어딘가에 있다는 사실에 더해 나의 행 동이 수반될 때에야 비로소 자유라는 가치를 온전히 느낄 수 있 다는 것을, 남미에서 수차례 경험했다.

해발 3,800m에 위치한 볼리비아 티티카카 호수는 세계에서 가 장 높은 호수이다. 최대 수심은 300m에 이르고 수온은 평균 11도 정도이니 그저 그런 보통 호수는 아닌 셈이다.

어느 날, 티티카카 호수를 거닐다가 큰 바위 위에 올라섰을 때, 한 가지 충동이 일었다. '뛰어내리고 싶다.' 동시에 망설여졌다. 죽고 싶었다는 게 아니다. 그저 난 살아 있음을 느끼고 싶었다.

내 머리는 어느새 그 충동을 억누르고 있었다. 물은 얼마나 깊을지, 얼마나 차가울지, 남들이 뭐라고 생각할지 등 자동적으로 계산이 시작됐다. 그때 한 문장이 떠올랐다.

'조르바처럼!'

옷을 벗어던졌다. 사각팬티만 입고 티티카카 호수를 향해 온몸을 내던졌다. 깊이 빠져들었다. 물 속으로 한참을 내려갔다가 올라온 후에야 물이 정말 차다는 것을 느꼈다. 잠시 헤엄을 치다 바위를 붙잡고 올라왔다. 주변에 있던 관광객들이 웃으며 "로꼬?"(미쳤어?)라고 말했다.

"맞아요, 저 미쳤어요."

이것이 '자유'였다.
내 온몸, 모든 혈관에 자유의 피가 돌고 있었다.

자유가 준 전율은 이게 끝이 아니었다.

나의 길

볼리비아에서 국경을 넘어 아타카마 사막을 향해 북칠레 도로를 달리던 날, 거센 역풍이 쉴 새 없이 불어왔다. 해발고도는 4,200-4,300m를 오갔고, 한국의 초겨울이 찾아온 듯한 느낌이었다. 마스크 밖으로는 하얀 입김이 새어나왔고, 10개월 동안 장발이 된 머리는 역풍에 부딪혀 상하좌우로 휘날렸다.

나를 금방이라도 넘어뜨릴 것 같은 역풍에 저항이라도 하듯, 있는 힘껏 페달을 밟기 시작했다. 10개월 동안 언덕을 오르며 단단해진 허벅지가 터져라 페달을 굴렸다. 그 순간, 티티카카 호수에서 느꼈던 자유가 또 한 번 내 몸을 휘감았다.

자연은 나를 위해 존재하고 있었다.
하늘은 나를 향해 열려 있었고,
도로 옆 설산들은 사방에서 나를 지켜보고 있었다.

그날의 그 길은 나의 길이었다.

Chile 자유에 이르다

Argentina 마지막 목적지에 닿기 하루 전 폐가에서의 하룻밤

"This is young man's life!"

여행의 마지막 목적지이자 남미의 끝 아르헨티나 우수아이아에 도착하기 하루 전날, 내가 정한 숙소는 폐가였다. 남극에 가까운 세상의 끝은 겨울맞이를 준비하고 있었다. 텐트를 치고 자기엔 추위 폐가에 몸을 숨겼고, 벽난로가 있어 불을 때며 몸을 녹였다. 나무 타는 냄새가 옷 속 깊숙이 스며들 때 즈음 나는 잠이 들었고, 퉁퉁 부은 얼굴로 아침에 일어났다.

우수아이아로 향하는 마지막 오르막길은 공사중이라 비포장도로였다. 경사도 만만치 않았다. 한참 동안 자전거를 끌어야 했고, 온몸이 땀으로 흥건한 채 언덕에 도착했다. 그곳은 전망대가 있는 곳이라 관광객들이 잠시 멈춰 서는 곳이었다.

자전거를 세워놓고 숨을 돌리고 있던 나에게 뉴욕에서 온 아주머니가 어디서부터 오는 길이냐고 물었다. 나는 알래스카 앵커리지에서부터 오는 길이라고 했다. 그리고 "오늘은 1년 동안의 내 여행 마지막 날"이라고 대답했다. 그러자 그녀는 감탄하며 이렇게 소리쳤다.

"This is young man's life!"

그녀는 주변에 있던 관광객들에게 내가 알래스카 앵커리지에서부터 왔음을 알렸다. 사람들은 몰려와 박수를 쳤고, 난 유명 인사라도 된 양 그들과 함께 사진을 찍었다.

자전거에 다시 올라타 마지막 내리막길을 달리기 시작했다. 뜨거운 눈물이 흘렀다. 볼을 타고 내리는 뜨거운 눈물을 느끼며 나 스스로에게 말했다.

"이 젊음을, 이 자유를 누리며 살자, 반드시."

계산하는 생각 앞에, 늙어가는 정신 앞에 저항하는 것. 그것이 자유 아닐까?

그게 자유가 맞다면, 난 분명 자유를 온몸으로 살아내고 돌아온 게 분명하다.

조르바처럼, 티티카카 호수를 향해 뛰어들었던 그 감각으로 살아가고 싶다.

Bolivia 나는 살아 있다

Bolivia 이 젊음을 누리며 살자

Argentina 마지막 관문 파타고니아

우유니 사막을 건너다

그날도 '정말' 힘들었다. 70km 정도 자전거를 탔다.
최종 목적지인 우유니 사막으로 향했다.

관광객들은 보통 우유니 시티라는 곳에서 4−5명이 모여 지프
차를 타고 우유니 사막으로 들어간다. 무릎까지 오는 물을 헤쳐
질퍽질퍽한 땅을 5−7km 가까이 건너 우유니 사막으로 들어가
는 건, '굳이 그럴 필요 없는' 번거로운 절차이다.

난, 그 번거로운 절차를 택했다.

자전거를 타고 알래스카에서 떠나 볼리비아까지 온 내가 '자전
거를 타고' 우유니 사막으로 들어가는 건 자연스러운 절차였다.
그러나 전혀 낭만적이지 않았다. 뻑뻑하게 굴러가는 바퀴를 굴
려 물을 가르며 달리고 또 달렸다. 사방으로 튀는 물줄기를 숱하
게 갈랐지만, 소금사막은 도통 보이질 않았다.

질퍽질퍽한 땅을 지겹도록 밀어내고 또 밀어내던 중,
저 멀리 우유니 소금사막이 눈에 들어왔다.

사람들은 종종 "눈이 시리도록 아름답다"는 말을 한다.
우유니 소금사막의 석양 노을을 마주하는 순간, 난 그 말의 감촉
을 온몸으로 느꼈다.

그곳엔 두 명의 사람이 카메라를 설치한 채 석양의 노을을 바라
보고 있었다.

그들은 LA에서 온 포토그래퍼였다. 우유니 소금사막을 경이롭
게 바라보던 그들은, 자전거를 타고 우유니 소금사막을 누비는
나를 사진으로 새겨주었다.

그곳에 계속 머물고 싶었다.
텐트를 치고 우유니 소금사막의 하늘을 올려다보았다.
우유니 소금사막은 하룻밤 숙박을 넉넉하게 허락해주었다.

그날 밤 어딘가에 또 누가 있었을지도 모르지만, 아마도 그 광활
한 사막에서 하룻밤을 보낸 건 내가 유일했을 것이다.

7. 자 존

자존이 있는 사람은 풀빵을 구워도 행복하고,
자존이 없는 사람은 백억을 벌어도 행복하지 않습니다.

박웅현 <여덟 단어> 中

'겉'에서 '안'으로

다시, 레이 이야기다.

레이는 대학을 나오지 않았다. 고등학교 졸업 후 공장에서 일하기 시작했고, 어느 정도 돈이 모이면 여행을 떠나곤 했다. 돈이 떨어지면 다시 프랑스로 돌아가 일을 하고, 여행 경비가 모이면 떠나는 식으로 10년째 꾸준히 여행을 하고 있었다. 나의 여권만큼이나 레이의 여권도 다양한 문양과 크기의 도장으로 가득했다. 여행국 숫자로 치자면 내가 더 많을지 모르지만, 레이가 환경에 적응하며 여행을 대하는 태도를 보고 있노라면 그를 '선배 여행자'로 인정할 수밖에 없었다.

무엇보다 좋았던 것은 레이와의 '대화'였다. 한마디로 그는 나를 '안이 꽉 찬' 대화로 이끌어주었다. 스페인의 중남미 침략, 체 게바라의 혁명 배경과 행보, 프랑스 시민혁명 등 자신이 살아온 곳, 그리고 여행한 곳에서 보고 듣고 만난 것들을 온전히 소화하고 있었다. 그리고 그것들은 단순히 지식이나 정보로 머물러 있지 않고 마치 레이를 이루는 세포처럼, 레이 안에서 기능하고 있었다.

Nicaragua 우리의 여정이 얼마 남지 않았을 때

Argentina 붉은 피츠로이를 마주한 후에

한국인들이 흔히 주고받는 질문이 있다.

"무슨 일 해요?"
"어느 학교 나왔어요?"
"전공은 뭐예요?"

물론, 이 역시 중요하고 필요한 질문이다. 그러나 이 질문들은 오히려 대화를 '뚝' 끊어버리는 경우가 많다.

그럴 때마다 아쉬웠다. 게다가 '4년이라는 긴 시간 배운 나의 전공지식과 교양과목의 내용들은 다 어디로 간 것일까? 그 동안 그 많은 나라를 여행하며 내 안에 남은 것은 무엇일까?' 라는 생각이 들 때면 마음이 무거웠다. 레이는 자신을 이루는 '겉'을 자랑하는 사람이 아니라 '안'에 담긴 것을 이야기하는 사람이었다. 그리고 늘 '안'을 채우려고 노력했다.

'자존을 가지고 살아가는 사람'은 '안을 채우는 사람'이 아니라, '안을 채우는 사람'이 '자존을 가지고 살아가는 사람'이라는 사실을 레이를 통해 알게 됐다.

지금도 난 레이와의 대화가 그립다.

Argentina 붉은 피츠로이

'바람의 고향' 파타고니아

1년의 여행 동안 홀로
숲에서
바다에서
사막에서
긴긴 밤을 보냈다.

나 자신과 수없이 마주하고 대화하며 직면했다.

이제야 비로소 나는 자신 있게 말할 수 있다. 이 여행을 통해 나 자신을 더 사랑하게 되었다고⋯. 지름길이 있는 건 아니었다. 나 자신과 찐하게 만나는 시간을 갖는 것, 그것 외엔 길이 없었다. 자전거 여행자들 사이에서 '바람의 고향'이라고 불리는 파타고니아. 아르헨티나와 칠레를 넘나들며 버티고 있는 그곳은 여행의 마침표를 찍는 마지막 구간이었다.

굵직한 자갈로 가득한 기나긴 비포장도로, 빙하를 품고 있는 거친 산맥, 압도적인 돌풍은 마치 유년 시절 게임에서 만나곤 했던 '끝판왕'을 떠오르게 했다. 이곳을 넘어서면 '난 결국 승자가 될 수 있다.'라는 사실에 승부욕이 불타오르기도 했다. 그러나 승부욕과는 무관하게 바람의 고향 파타고니아는 나를 수없이 넘어뜨렸다. 걸음마를 뗀 이후로 이렇게 많이 넘어진 날이 있을까? 없었다.

그런데 지구 반대편 아르헨티나에서, 20대의 끝에서 나는 넘어지고 쓰러짐을 반복하고 있었다. 하지만 그것이 나를 좌절하거나 슬프게 만들지는 못했다. 일어서고 또 일어섰다. 바람이 불었으니 넘어진 것이었고, 넘어졌으니 일어나면 그만이었다. 스스로에게 한 마디 건넸다.

"너 정말 강해졌구나!"

더 이상 넘어지지 않아서 강하다는 게 아니었다. 강하다는 건 넘어지지 않는 것이 아니라 넘어져도 다시 일어나는 거니까. 난 1년 간의 자전거 여행을 진정으로 원했다. 덕분에 '대학 졸업 후 취업'이라는 사회적 알람 앞에서 나를 멈춰 세울 수 있었다. 온전히 나에게 집중할 수 있는 시간 속으로 들어갈 수 있었다. 거기서 만난 나는 그 자체로 소중했고, 사랑스러웠다. 나는 더 이상 나를 둘러싼 환경으로 나를 규정하지 않기로 했다. 내가 진정으로 원하는 것을 용감하게 선택할 것이며, 그 선택이 돈과 유명세, 세상의 부러움을 가져다주지 않을지라도 나 스스로를 존중하기로 했다.

이 용기, 이 다짐이야말로 이번 여행을 통해 얻은 '사혼'이니 가장 값진 선물이다.

Argentina 잊지마 네 삶의 주인공은 너야

내 나이 서른, 1년 반이라는 짧지 않은 시간 동안, 30개국이라는 적지 않은 나라를 여행했다. 하지만 누군가 나에게 "여행이 뭐예요?"라고 묻는다면 나는 입을 뗄 수가 없다. 그래서 난 그 질문을 "여행에서 무엇을 배웠어요?"로 바꿨다. 그 질문에 대한 답이 일곱 단어로 정리되었고, 이렇게 책으로 탄생했다.

나는 변화를 갈망했다. 산티아고 순례길에 오른 이유도, 알래스카로 떠난 이유도 모두 '변화'를 위해서였다. 그때, '현재의 나'를 싫어했던 것은 아니지만 그때의 나보다 더 멋진 내가 되고 싶었다. 그런 의미에서 나에게 여행은 일종의 수행이었다. 다행히도 수행 후의 내 모습은 만족스러웠다. 남들이 말하는 '정답'에 휘둘리지 않는 심지가 생겼고, 시시때때로 울려대는 '사회적 알람' 소리를 과감히 꺼버릴 수 있었다. 올라간 만큼 내려가고, 내려간 만큼 올라간다는 것을 온몸으로 느꼈기에 어떤 실패 후엔 성공이 있을 거라는 믿음을 가졌고, 성

공 후엔 실패가 있을 거라는 생각에 겸손해졌다. 결과나 목적지에 혈안 되었던 나는 사라지고, 과정에 최선을 다하며 순간에 머물줄 아는 나로 변화되었다. 나는 그렇게 넓고 깊어졌다고 스스로 느끼며 오늘에 이르렀다.

나는 앞으로도 변화를 갈망하며 여행을 떠날 것이다. 동시에 나 혼자만을 위한 여행은 멈추려고 한다. 내가 경험한 변화를 청소년들도 경험하기를 희망한다. 그래서 올해부터 청소년들과 함께 길 위에 오른다. 여행 그 자체가 교육이 되기를 바라며 나는 생각한다. 모든 이들이 대체 불가능한 존재가 되기 위해 여행을 떠나는 것은 아닐까? 나는 믿는다. 실패하는 여행은 없다는 것을.

여행, 그 앞에서 우리의 가슴이 요동치기를, 우리의 삶이 진정으로 변화되기를 희망한다.

알래스카로 떠나 아르헨티나에서 무사히 돌아올 수 있도록 좋은 제품들과 경비를 협찬, 후원해주신 산바다스포츠, 툴레코리아, 스카이스캐너, G-form코리아, 아이굿즈, 한국근로청소년능력개발원, 롯데 담당자분들께 감사드린다. 또한 책을 펴내자고 제안해주신 박지원 대표님과 모든 과정에서 시간과 마음을 들여 함께해주신 출판사 가족분들께 감사드린다.

마지막으로 군생활을 할 때 보다 더 긴 기간, 더 먼 곳으로 떠난 아들을 마음 졸이며 기다려주신 부모님, 가족에게 정말 큰 감사의 마음을 전한다.

페루 Peru

마추픽추. 인간은 유한하지만 인간이 해낼 수 있는 일의 가능성은 무한에 가깝지 않을까?

칠레 Chile

때론 다 알지 못하는 것이,
다 보이지 않는 것이 더 매력적이다.

멕시코 Mexico

죽은 나무 한 그루가 이곳을 살렸다.
세상에 쓸모없는 것은 없다.

니카라과 Nicaragua

한국의 산과 바다에서도 이렇게 뛰어노는
아이들의 모습을 많이 봤으면 좋겠다.

아르헨티나 Argentina

누군가 그랬다. 여행은 돌아가야 더 재밌는 거라고.
오늘은 참 재밌는 하루다. 게다가 내리막이라니!

페루 Peru

무지개 산에 내려온 후에 고산병이 찾아왔다.
무지개 건널 뻔했다.

볼리비아 Bolivia

저 사람이 향하는 곳에는 함께 머물 가족이 있겠지?
나는 오늘도 이 넓은 대지에 혼자 남겨졌다.

여행을 준비하는 이들에게

Interview

바나남을 말하다

바나나를 많이 먹었나요?

정말 많이 먹었어요. 사실 좋아하는 과일이기도 하구요. 심지어 예전에 동유럽으로 자전거 여행 갔을 때 저는 마트에 가면 늘 바나나를 사서 카트에 넣었어요. 같이 갔던 친구가 참다참다 결국 "딴 과일 좀 먹으면 안 돼?"라고 투정 부리더라고요. 일단 바나나가 체력보충에 좋으니까 선택한 과일인데 장사하며 정말 많이 먹었어요. 일할 때 2-3개는 기본으로 먹었어요. 많이 먹을 땐 하루에 10개씩 먹었을 정도니까.

장사할 때 혹시 창피하지 않았어요?

많이 쪽팔렸어요. 처음에는 창피하고 쪽팔린 게 사실이었죠. 남들이 어떻게 볼까? 그런 생각을 하면서…. 일단 뭘 하든 간에 남들의 시선이 가는 곳에 서 있다는 것 자체가 부담스럽잖아요. 내가 선택했음에도 불구하고 피하고 싶기도 했어요. 장사를 시작하고 두 달 동안 계속해서 용기가 필요했죠. 내가 선택한 것이고 내가 꿈꾸는 여행을 가기 위한 과정이니까 '오늘도 한 번 해보자!'라는 다짐으로 이겨낸 것 같아요.

바나나 장사를 할 때 상처 준 사람은 없었나요?

처음에는 "바나나? 뭐하는 거야? 저기서?" 그런 사람도 있었고 "여기서 장사해도 돼요?" 그런 질문을 하는 사람도 있었어요. 어쨌거나 전 학생복지 관련 부서를 통해서 허락을 받고 장사를 시작했거든요. 몇몇 사람은 왔다가 "2개에 천 원이요"라고 하면 "왜 이렇게 비싸요"라고 툴툴대며 가기도 했어요. 그럴 땐 사실 좀 상처를 받았죠. 그런 이야기들은, 제가 자정 12시에 나가서 물건 떼는 것도 못 보고 하는 소리죠. 그래서 저도 '내가 평소에 뭔가 비싸다고 할 때 그것만 보고 말하는 건 어리석은 거구나'라는 깨달음 같은 게 있었어요. 그렇지만 계속 2개에 천 원으로 팔긴 했어요.

얼마를 벌었어요?

두 달 동안 70만 원 벌었어요. 순이익이 70만 원. 당초 목표는 100만 원이었죠. 알래스카 편도 티켓을 끊는 게 목표였는데 목표 달성은 실패한 셈이에요.

'바나남'이라는 컨셉은 본인이 생각해낸 건가요?

제가 생각했어요. 카피에도 있듯이 "바나나 먹으면 반하나?" 뭐 이런 식으로 여러 가지 아이디어를 떠올려 봤는데요, 그냥 이어서 '명지대 바나남' 이렇게 하면 군더더기 없이 떨어지겠더라고요. '바나남'이라고 하면 뭔가 귀여운 이미지도 있는 것 같고…. '바나나남' 이건 좀 느낌이 이상하잖아요.

왜 하필 바나나를 판 거예요?

사실 처음에는 김밥을 팔려고 생각했어요. 그런데 당시 제가 4학년 2학기 학생이었고 마지막 학기도 15학점을 들어야 하는 상황이다 보니 재료 사서 만들기엔 버거울 것 같았어요. 게다가 김밥 말줄도 모르고⋯. 일단 아침 대용으로 파는 게 목적이었고, 뭐가 좋을까 고민하다 바나나가 가장 포만감도 있고, 귀여운 이미지도 있고 해서요. 제가 바나나를 좋아하기도 했구요.

바나나 장사를 하면서 가장 뿌듯했던 적은 언제예요?

많은 사람들을 만나고 알게 된 거예요. 서강대와 명지대에서 나와 영상을 찍어주기도 했고. 당시 진짜 많은 사람들이 "바나남은 꼭 할 수 있을 거예요." 이런 식의 응원들을 많이 해줬어요. 그리고 '바나남'이 알려지며 그것을 통해서 강연 요청이 왔을 때, 그러면서 사람들과 연결되고 또 다른 누군가에게 줄 수 있는 메시지를 얻을 수 있었다는 것, 그게 가장 뿌듯했어요.

다시 바나남을 하게 된다면?

대학생으로 돌아간다면 조금 더 빨리 시작해서 매년 하고 싶어요. 어쩌면 사람들이 관심을 가져준 건 바나나 그 자체보다는 남들이 한 번쯤 해보려고 하지만 하지 않은 걸 했다는 데서 온 동경 같은 거였다고 생각해요. 거기서 받는 관심이 좋았고 그 때문에 만난 사람도 많았으니까. 1학년 때부터 했더라면 '명지대 바나남'으로서의 스토리가 더 남지 않았을까 싶어요.

협찬을 말하다

몇 개의 회사로부터, 어떤 제품을 협찬 받은 거예요?

7개 회사구요. 산바다스포츠(캐논데일코리아)에서 자전거를, 툴레코리아에서는 각종 가방을, 스카이스캐너에서는 왕복 비행기항공권을, G-Form코리아에서는 신체 보호대를, 아이굿즈에서는 정화 물통을, 롯데와 한국근로청소년능력개발원에서는 각각 300만원씩 재정을 지원받았습니다.

제안서를 쓸 때 팁이 있다면 무엇인가요?

첫째, "열정을 담아라, 하지만 열정만 담진 말아라."라고 말해주고 싶어요. 일단 그 회사의 철학이나 비전에 공감한다는 의사를 충분히 전달할 필요가 있구요. 보통 주변에서 제안서와 관련해서 친구들이 도와달라고 할 때 보면, 자기 열정과 자기 계획만 가득 채워 넣는 경우가 많은 것 같아요. 결국 취업하는 것과 비슷하다고 보는데, '그 회사가 원하는 것이 무엇이고 왜 우리 회사를 택했는지'를 제시해주는 게 중요해요. 구체적인 접점을 제시해야 하는 거죠. 둘째, "대표님을 찾으라"고 말하고 싶어요. 보통 회사 대표 메일이나 마케팅 담당 부서에 연락하는 경우가 많은데 거의 다 커트 된다고 보면 돼요. 제가 했던 건 페이스북이나 인스타를 통해서 그 회사 대표를 찾아서 연락한 거였어요. "나 이런 청년인데 만나 달라." 무조건 많은 메일을 보내는 게 중요한 세 아니라 그 메일이 어디 가서 닿느냐가 중요해요.

셋째, 채널을 갖는 게 중요해요. 팔로워를 확보하든지, 매거진을 잡든지, 다큐멘터리를 섭외하든지. 채널이 있어야 협찬이 들어오니까요. 지금부터 자기 채널을 키워나가든가, 영상을 잘 만들든가, 아님 글을 잘 쓰든가. 여러 가지 방법이 있다고 봐요. 암튼, 홍보 채널을 갖는 게 중요하죠.

어떻게 '협찬' 받을 생각을 한 거예요?

사실 누군가 나한테 음료수 하나 주기 힘든 세상이잖아요. 처음부터 생각한 건 아니었구요. 제가 여러 강연을 다양하게 듣다보니 알게 되었어요, 강연자들을 보니 뜻을 가지고 그것을 뒷받침할 사람들을 잘 찾은 경우가 많더라고요. 내 멘토들도 그랬구요. 그래서 '아, 나도 가능하겠다.'라고 생각했죠. 그래서 동유럽으로 여행을 갈 때 처음 시도해봤어요. 그때도 3개 회사로부터 자전거를 협찬 받았거든요. 그 경험이 녹아들어서 협찬 받는 기술이 늘었던 것 같아요. 다른 사람들의 이야기에서, '나도 협찬 받을 수 있겠다'라는 가능성을 발견한 셈이죠.

협찬을 받을 때 신경써야 하는 것은 어떤 거예요?

"협찬이 당신의 여행을 갉아먹도록 하진 말아라."라고 말해주고 싶어요. 어쨌거나 협찬이란 게 일종의 거래잖아요. 그래서 많은 회사로부터 많은 것을 협찬 받게 되면 그것을 위해서 많은 에너지를 쏟아야 해요. 너무 많은 회사로부터 협찬을 받는 건 좀 아닌 것 같아요. 비교적 작은 규모의 물품은 자비로 부담해야죠. 협찬은 어디까지나 나의 여행을 위한 것일 뿐, 내 여행이 협찬사를 위한 것이 되어서는 안 되잖아요. 협찬 때문에 여행이 어그러지고 관계도 어

그러진 경우가 종종 있어요. 특히 미팅 했을 때 별로다 싶은 회사인 경우는 과감히 커트 해요. 가령, 중고 자전거를 대여해주고 여행이 끝나면 가져갈 뿐 아니라 수리비까지 내라고 하는 경우도 봤거든요. 협찬은 어디까지나 내 여행에 집중할 수 있게 해주는 협찬이어야 합니다.

받았으면 '주는 게' 있어야 할 것 같은데, 어떤 것을 드렸어요?
가장 기본적인 건 사진과 영상이에요. 제품들을 받았기 때문에, 그 제품들을 찍은 사진 컷이나 영상들을 보내줬어요. 물론 그런 걸 요구하지 않은 회사들도 있었구요. 협찬이라는 의미보다는, 파트너십이라는 개념으로 생각을 하고 정말 저의 여정을 응원한다는 느낌을 준 협찬사도 있었어요. "내가 이거 줬으니 이거 줘." 뭐 그것도 나쁜 건 아닌데 "내가 정말 당신을 응원할 테니 잘 갔다 와라." 하는 경우 더 많은 것을 주고 싶더라구요. '스폰서십'을 넘어 '파트너십' 으로서의 모습이 서로에게 더 좋은 것 같아요.

자전거 여행을 말하다

자전거로 여행하다 보면 씻는 게 어려웠을 것 같아요.

어떻게 씻었어요?

일단 캠핑장에 가거나 웜샤워에 가면 씻을 수 있어요. 그런데 도시가 아닌 곳에 있을 때, 숲이나 인적이 드문 데 가서 씻어야 할 때는 그곳에 가기 전, 마을에서 물을 좀 많이 떠가서 적은 물로 씻기도 했어요. 그곳에 있는 계곡, 강, 이런 데서 씻기도 했구요. 그런 환경도 안 될 때에는 못 씻었어요. 최장 9일 정도 안 씻어 봤습니다.

자전거를 오래 타면 가장 아픈 곳은 어디에요?

똥꼬예요. 자전거 여행자들 사이에선 "최소 1년 정도 여행하려면 똥꼬 껍질이 세 번은 벗겨져야 한다."라는 말도 있어요. 아플 땐 안장에 바늘이 있는 것 같더라고요. 그런 과정이 몇 번 반복되어야 해요. 다 쓸리고 헐고 벗겨지고 낫고, 한 세 번 정도 그렇게 된 것 같아요. 허벅지가 문제가 아니라, 조그만 안장에 앉는 게 힘들더라구요. 처음에는 정말 어쩔 수가 없어요. 분도 많이 바르고 그랬는데, 방법이 없더라고요. 그래서 자전거 여행자들 사이에서 "똥꼬가 3번은 벗겨져야"라는 말이 있는 것 같아요.

자전거의 무게가 얼마나 나갔어요? 그리고 거기엔 뭐가 들었어요?

자전거를 제외하고 대략 45kg 정도 무게가 나갔어요. 자전거를 포함하면 거의 60kg이었죠. 텐트, 취사도구, 옷, 자전거 정비도구, 물,식량, 카메라, 테블릿PC 등. 거의 집 한 채 끌고 다닌 셈이에요.

자전거 여행의 가장 큰 매력은 뭘까요?

나의 길이 세상 어딘가에 생긴다는 거죠. 정말 많은 수십 갈래의 길이 있지만 내가 길을 선택하고 내 힘으로 가기 때문에 나만의 길이 어딘가에 생기는 게 무엇보다 가장 큰 매력인 것 같아요. 지도에 제가 표시해둔 저만의 루트가 있어요. 다시 가도 그 길이 익숙할 것 같아요. 내가 직접 지도를 펼쳐보고 고민하고 내 힘으로 달려서 나만의 청춘로드가 깔린 거니까 여행의 기억들이 그래서 더 생생하고 선명하고 오래 기억에 남는 것 같아요.

얼마짜리 자전거를 타고 여행했나요?

200만원짜리 자전거를 탔어요. 주변에서도 '그렇게 여행하려면 얼마나 비싼 걸 타야 하는지' 묻곤 해요. 그렇게 비싼 건 필요 없어요. 월드 투어를 위해선 가장 튼튼한 자전거를 타는 게 중요해요. 고장났을 땐 현지에서 부품 조달이 가능한 호환성이 좋은 걸 고르는 것도 중요하구요. 그렇게 비싼 것보다는 100-200만원 사이의 자전거를 고르면 최소 1년은 여행할 수 있다고 봐요.

원래 자전거를 잘 탔어요? 사전 훈련은?

아니요, 자전거를 좋아하고 즐기는 정도였어요. 그렇게 자전거를 많이 타지는 않았구요. 그리고 또 자전거 여행을 가기 위해서 사전 훈련을 했냐고 묻는 분들이 있어요. 하루에 100Km를 타려면 사전 훈련이 필요할 것 같으니까요. 사실 따로 사전 훈련을 하진 않았어요. 그런데 여행을 가서 일정이 진행되면서 강해지는 것 같아요. 어느 정도의 체력이나 기술은 필요하겠지만, 무엇보다 중요한 건 열정이 아닐까요?

여행의 일상을 말하다

주로 뭘 먹었어요?

북미와 중남미에서 먹은 음식이 조금 차이가 있어요. 북미, 그러니까 캐나다는 캠핑장이 잘 되어 있고 그릴이 많아서 마을에 들러 고기를 사가거나 소시지, 옥수수, 고구마 등을 구워서 잘 먹었어요. 중미로 넘어오면서부터는 정말 나 혼자만의 캠핑을 하게 되면서 주로 현지 라면을 먹었죠. 하나에 대략 200원짜리. 정말 한국 라

면이 그립더라고요. 한 끼에 3-4개씩 끓여 먹었어요. 입에 물릴 땐
고추 사가지고 썰어 넣어서 먹기도 했구요. 또 하나는 파스타였는
데, 파스타는 일회용 소스와 물만 있으면 되니까 간편한 편이었죠.
영양보충을 하려고 콩고기를 사서 먹기도 했어요. 쉽게 상하지 않
고 건조된 음식. 육포 같은 것도 먹었구요. 아, 식빵에 피넛 버터 발
라 먹은 걸 빠뜨렸네요. 김 빠진 콜라에. 사막에서 그걸 먹고 있노
라면 죽을 것 같았어요. 그야말로 먹다 죽을 것 같은 기분. 해를 피
할 수가 없으니까요. 식빵도 푸석푸석하고…. '빔보'라는 멕시코
브랜드가 있었는데 그래도 그 빵이 훌륭한 편이었어요.

15개국을 여행 했으면 현금(현지 화폐) 관리는 어떻게 했어요?
요즘은 어딜 가든 ATM이 있잖아요. 수수료는 비싸지만, 도착하는
나라에서 현지 화폐를 뽑고, 국경에서 다시 환전을 하고….그런
식으로 다녔어요. 수수료는 나라마다 다른데 중남미 국가는 비싼
편이었어요. 중미 같은 경우는 평균 4-5달러였고, 칠레가 거의 만
원 가까이 했어요. 중간에 강도를 만날 수 있으니 현금 많은 게 위
험하지만 "강도 만났을 때를 대비해서 100달러짜리 지폐를 항상
가지고 다니고, 강도를 만났을 땐 그걸 내어주라." 고 조언하는 분
들도 있었어요.

국경은 어떻게 넘어요?
그걸 다들 궁금해하더라고요. 국경통제소라는 게 있어요. 컨테이
너 혹은 작은 건물 같은 거예요. 여권 보여주면서, 아웃(OUT) 도
장받고 인(IN) 도장 받으면 돼요. 특히 칠레가 까다로웠어요. 모든
물품을 검사하더라고요. 짐을 다 열어보고 나름 체계적으로 검사
하는 느낌이었어요. 자전거 고유 번호나 등록증도 검사할 정도였
으니까.

사실 대한민국은 분단 상황이라 육로로 국경을 넘을 경험이 없잖아요. 그래서 국경을 넘는 느낌이 되게 매력적이었어요. 다른 나라 사람들에게는 별 일 아니겠지만, 우리에겐 어려서부터 불가능한 상황이었기 때문에 국경을 넘는 건 자전거 여행의 또 다른 매력이었던 거죠. '아, 휴전선도 이렇게 넘나드는 날이 오면 좋겠다'라는 생각이 들더라구요.

돈이 떨어진 적은 없었어요?

있었죠. 다행히 3개월이나 저와 함께 여행한 프랑스 친구 레이랑 있을 때 돈이 떨어졌어요. 그래서 제가 떨어지면 레이가 장보는 비용을 내거나 음식값을 내고, 반대로 레이가 떨어지면 내가 또 내기도 하고. 레이랑 저는 계산적인 기브 앤 테이크가 없었거든요. 그때그때 상황에 맞춰 돈 있는 사람이 쓰는 식으로, 정말 통용하는 느낌으로 썼던 것 같아요. 레이랑 있을 때 돈이 떨어졌던 게 정말 다행이죠. 돌아보니 북미에서 돈을 많이 썼어요. 거의 여행 경비의 절반을 북미에서 썼으니까요. 멕시코에서 자전거 핸들 고쳤던 것처럼, 변수가 생겼을 때 확 쓰게 되니까 그런 것 때문에 중미에서 재정 상황이 좀 안 좋은 편이었어요.

여행하다가 크게 아픈 적은 없었나요?

미국 오리곤 주에서 위경련이 나서 도로에 쓰러진 적이 있어요. 지나가던 시민이 차를 세우고 담요도 덮어주다가 결국 911을 불렀어요. 저는 아파서 막 울고 있었고. 차들이 한두 대 멈춰 섰어요. 그런데 사람들도 의료비를 걱정했는지 구급차를 쉽게 부르지 못하더라구요. 어쩔 수 없이 누군가 구급차를 불렀죠. 병원에 가서 CT 촬영까지 마치고 두 시간 정도 링거 맞고 나니 괜찮졌어요. 그리고 퇴원하려고 하는데 병원비가 무려 5,000달러가 나온 거예요. 다행히 즉각 지불이 아니고 추후에 추가요금까지 다 붙고 나면 메일로 보내주겠다는 거예요. 정말 다행히도 알래스카 앵커리지에서 만난 목사님을 통해서 해결을 했어요. 그 후에 콜롬비아에서는 식중독에 걸려서 결국 택시를 타고 응급실에 끌려갔거든요. 거기선 거의 하루를 누워 있었는데 병원비가 7만원밖에 안 나오더라고요. 그건 제가 가뿐하게 내고 나왔죠.

여행중 썸은 없었어요?

파나마에서 레이랑 마지막 휴가를 보낼 때 카리브 해에서 만난 프랑스 여인이 기억나네요. 굉장히 매력적이었어요. 공교롭게도 저와 레이 모두 그녀를 좋아했는데, 그녀는 저를 맘에 들어했어요. 그야말로 파나마에서 며칠 간 좋은 감정을 주고 받은 정도로 끝나긴 했어요.

여행에서 돌아오다

1년 간 긴 여행을 마치고 돌아왔을 때 기분이 어땠어요?

먼저 돌아왔다는 것 자체가 좋았어요. 1년 동안 부모님을 못 본 거잖아요. 군인보다 더한 거죠.(웃음) 영상 통화를 가끔 하긴 했지만 부모님을 공항에서 봤을 때 좋았어요. 그러고 나선 낯설더라고요. 집에서 잠자고 일어났는데, 잠자리가 바뀐 셈이니까. 매일 텐트에서 자고 호스텔에서 자다보니 갑자기 주어진 편안함이 낯설었어요. 곧 그리움이 밀려왔어요. 텐트에서 일어나 해 뜨는 거 봤던 기억도 떠오르고. 그때가 그리워졌어요. 무언가 모험적이고 날마다 기대가 됐던 그때가…. 그땐 '오늘도 별이 뜰까?' 그런 생각을 자주 했거든요. 물론 한국에서도 볼 수 있지만, 여행지에선 온몸으로 별을 마주할 수 있고, 그게 삶이었으니까. 그게 매일 생활이었으니까. 자연에서의 삶이 그리웠어요. 어느 순간 걱정이 밀려오더라구요. 뭐 먹고 살까? 어쨌거나 여행을 마치고 돌아왔으니, 나는 어떻게 입에 풀칠을 하고 살까?

직업이 '여행가'면 경제적 수입은 어떻게?

일단 여행을 갔다 와서 전에 저금해둔 돈으로 서울에 둥지를 마련했어요. 교회나 청소년 단체 강연이 한 달에 두세 개씩 있었거든요. 그걸로 월세도 내고…. 2017년 5월에서 8월까지는 알바를 했어요. 쿠팡 물류 창고 가서 알바도 하고 <불후의 명곡>에서 스크린 이어 붙이는 알바도 하고요. 정말 힘들었어요. 호텔에서 프리미엄 브랜드 상품 진열하는 알바도 했구요. 그렇게 살다가 2017년 하반기가 되니까 강연이 많아졌어요. 강연을 통해 다른 강연이 파생되기도 했고. 9-10월 두 달은 이벤트 기획회사에서 일하면서, 강연비와 월급까지 포함하여 꽤 많은 수입을 올렸어요. 달마다 편차가 엄청 크더라고요. 한편으론 '내가 뭐하고 있지?' 싶어서 기분이 되게 이상했어요. 그리고 해를 넘겨 1월과 2월을 보내면서 다시 수입이 추락하기도 했고. '아, 이런 거겠구나. 수입이 떨어지는 시기에 해야 할 무언가가 있거나, 잘 비축해두거나, 수입의 방향을 좀더 넓게 가져가야겠구나.' 싶더라고요. 여행가라고 해서 반드시 여행으로만 돈을 벌어야 할 필요는 없다고 생각해요.

불안하지 않아요? 부모님은 뭐라고 말씀하세요?

당연히 불안하죠. 그 불안을 견딜 수 있는 힘은 '내가 선택한 길이니까'라는 믿음이에요. 어느 순간 '내가 이 불안을 즐기고 있구나'라는 느낌이 들었어요. 불안에 완전히 적응했다는 건 아니지만 일종의 면역력이 생겼다는 거죠. '날 집어삼키는 불안이 아니라, 어쩌면 나를 성장시키는 불안일 수 있다'라는 생각도 하구요. 사실 불안을 느끼는 건 당연한 거잖아요. 어떻게 이 불안을 해결할 것인지 긍정적으로 사고하면서, 느끼는 것들을 배워가는 과정중이에요. 물론 부모님은 여전히 안정된 직장을 갖기를 바라시죠. 부모님 또한 불안하기 때문에 그런 이야기를 하는 듯하구요.

나조차 그런 생각을 하니까 부모님이야 당연하죠. 그런데 제가 그
불안을 해소하는 방법들을 찾아나가고 보여드리는 만큼 부모님도
그 불안에 대해서 적응하시더라구요. 제가 이번에 책을 낸다고 하
니까 '이제 얘가 뭐 좀 하는구나.'라는 표정으로 쳐다보시더라구요.
제가 걸어가는 길 자체를 싫어해서가 아니라, '뭐 먹고는 사는지,
먹고 살 수는 있을지.' 이런 생각을 하시는 거죠. "직장을 바꿔라"
의 문제는 아닌 듯해요.

여행에서 아쉬웠던 것이 있다면 뭔가요?
'조금 더 기간을 넉넉하게 잡고 갔더라면 어땠을까?' 싶어요. 조금
더 쉼을 갖고, 길을 가는 과정에서 만나는 사람들과 조금 더 오랜
시간을 보냈으면 어땠을까? 그런 생각이 들어요. 1년 반 정도 여행
하고 왔으면 어땠을까 싶어요. 이제 길게 떠날 기회는 없을 수도
있으니까요. 기왕 간 거 반 년 정도라도 더 길게 갔다 왔더라면 그
과정에서 더 편안하게 즐기고 누리고 깊어져서 돌아오지 않았을까
싶은 거죠. 조금 더 용기가 있었더라면….

다시, 여행을 꿈꾸다

계획하고 있는 '긴 여행' 이 또 있나요?

혼자서 떠나는 긴 여행에 대한 계획은 없지만 2018년 7월에서 8월까지 청소년 4명과 함께 자전거와 말을 타며 몽골을 횡단하는 여행을 계획하고 있어요. 나 혼자 하는 여행도 좋지만, 내가 여행에서 경험했듯 '여행이 사람을 성장시킨다'는 믿음이 있기 때문에 여행을 통해 청소년들이 변화하는 모습을 보고 싶어요.

해보고 싶은 '특별한 여행'이 있다면?

지난 여행은 계속해서 이동하는 여행이었어요. 물론 10일 정도 머문 도시도 있었지만. 반 년 정도 한 도시에서만 살아보고 싶어요. 그 동네 사람, 현지 사람처럼 머물면서 여행지에서 주어진 일상을 여행으로 살아내는 시간을 갖는 거죠. 이집트의 다합이나 인도의 델리나 과테말라 안티구아에서 반 년 정도 살아보는 여행을 해보고 싶어요.

앞으로의 계획은?

향후 2년 정도는 더 큰 여행이든 작은 여행이든 해외든 국내든 여행에 집중하고 싶어요. 삶을 여행하듯 살아가는 게 더 몸에 밸 수 있도록 '여행력'을 기르기 위한 여행들을 해나가고 싶어요. 제가 해나가려는 여행의 방향성은 '교육' 그리고 '사람의 성장'이에요. 내가 여행하면서 나를 성장시킨 부분들, 내가 배운 것들을 잘 기록해서 나에게만 적용하는 것이 아니라 누군가에게도 적용이 가능하다는 것을 증명하고 싶습니다.

볼리비아 **Bolivia**

내 땅

볼리비아 Bolivia

별에 묻힌 밤